Fernando Pessoa

MENSAGEM

On line
EDITORA

Dados Internacionais de Catalogação na Publicação (CIP)
(eDOC BRASIL, Belo Horizonte/MG)

Nascimento, Suely Souza, 1976-.
N244m Mensagem / Fernando Pessoa; adaptação Suely Souza Nascimento. – Barueri (SP): On Line, 2019.
68 p. : 14 x 21 cm

ISBN 978-85-432-2941-6

1. Literatura portuguesa – Poesia. I. Pessoa, Fernando, 1888-1935. II. Título.
CDD 869.1

Elaborado por Maurício Amormino Júnior – CRB6/2422

Índice

Primeira Parte
Brasão

Segunda Parte
Mar Português

Terceira Parte
O Encoberto

EDITORIAL

Mensagem é uma coletânea de 44 poemas de Fernando Pessoa, publicada um ano antes de sua morte, que ocorreu em 1935. Os versos exaltam o glorioso passado de Portugal e explicam a antiga grandeza e a decadência existente na época em que o livro foi escrito. Glorifica o estilo camoniano e o valor simbólico dos heróis do passado, como os descobrimentos portugueses.

Fernando Pessoa acreditava que o país pudesse voltar a ser grande como foi no passado através da valorização cultural da nação. O poema mais famoso do livro é *Mar Português*.

Fernando Pessoa escolheu a palavra ***mensagem*** a partir da expressão em latim: **Mens agi**tat mol**em**, isto é, "O espírito move a matéria", frase da história de Eneida, de Virgílio, dita pela personagem Anquises quando explica a Eneias o sistema do universo. Pessoa não utiliza o sentido original da frase, que denotava a existência de um princípio universal de onde emanavam todos os seres.

Os 44 poemas estão divididos em três partes, representam as três etapas do Império Português: nascimento, realização e morte, seguida de um renascimento. A primeira, *Brasão*, utiliza os diversos componentes das armas de Portugal para revisitar algumas personagens da história do país. Fala da formação da nacionalidade, heróis lendários e históricos.

A segunda, *Mar Português*, fala da época das grandes navegações, de figuras como o Infante D. Henrique, Vasco da Gama e Fernão de Magalhães, mas não se limita a elas. Aborda descobertas, aventura marítima, conquista do império, (*Deus quer, o homem sonha, a obra nasce: Tudo vale a pena se a alma não é pequena*), ânsia do desconhecido e esforço heroico da luta com o mar.

A terceira, *O Encoberto*, é a parte mais visivelmente simbólica e sebastianista, em que volta ainda a falar de outras figuras da história de Portugal. O termo "O Encoberto" é uma referência ao antigo rei de Portugal D. Sebastião. Enfoca a morte das energias de Portugal simbolizada pelo nevoeiro. É cheia de avisos, fortes pressentimentos, de forças latentes prestes a virem à luz: depois da noite e tormenta, vem a calma e a ante-manhã (estes são os tempos).

Nota do Autor

O entendimento dos símbolos e dos rituais (simbólicos) exige do intérprete que possua cinco qualidades ou condições, sem as quais os símbolos serão para ele mortos, e ele um morto para eles.

A primeira é a simpatia; não direi a primeira em tempo, mas a primeira conforme vou citando, e cito por graus de simplicidade. Tem o intérprete que sentir simpatia pelo símbolo que se propõe interpretar.

A segunda é a intuição. A simpatia pode auxiliá-la, se ela já existe, porém não criá-la. Por intuição se entende aquela espécie de entendimento com que se sente o que está além do símbolo, sem que se veja.

A terceira é a inteligência. A inteligência analisa, decompõe, reconstrói noutro nível o símbolo; tem, porém, que fazê-lo depois que, no fundo, é tudo o mesmo. Não direi erudição, como poderia no exame dos símbolos, é o de relacionar no alto o que está de acordo com a relação que está embaixo. Não poderá fazer isto se a simpatia não tiver lembrado essa relação, se a intuição a não tiver estabelecido. Então a inteligência, de discursiva que naturalmente é, se tornará analógica, e o símbolo poderá ser interpretado.

A quarta é a compreensão, entendendo por esta palavra o conhecimento de outras matérias, que permitam que o símbolo seja iluminado por várias luzes, relacionado com vários outros símbolos, pois que, no fundo, é tudo o mesmo. Não direi erudição, como poderia ter dito, pois a erudição é uma soma; nem direi cultura, pois a cultura é uma síntese; e a compreensão é uma vida. Assim certos símbolos não podem ser bem entendidos se não houver antes, ou no mesmo tempo, o entendimento de símbolos diferentes.

A quinta é a menos definível. Direi talvez, falando a uns, que é a graça, falando a outros, que é a mão do Superior Incógnito, falando a terceiros, que é o Conhecimento e a Conversação do Santo Anjo da Guarda, entendendo cada uma destas coisas, que são a mesma da maneira como as entendem aqueles que delas usam, falando ou escrevendo.

Fernando Pessoa

Benedictus dominus deus
Noster qui dedit nobis
Signum

PRIMEIRA PARTE

Brasão

Ellum sine bello

CANTO PRIMEIRO
Os Campos

I

O dos Castelos

A Europa jaz, posta nos cotovelos:
De Oriente a Ocidente jaz, fitando,
E toldam-lhe românticos cabelos
Olhos gregos, lembrando.

O cotovelo esquerdo é recuado;
O direito é em ângulo disposto.
Aquele diz Itália onde é pousado;
Este diz Inglaterra onde, afastado,

A mão sustenta, em que se apoia o rosto.
Fita, com olhar esfíngico e fatal,
O Ocidente, futuro do passado.
O rosto com que fita é Portugal.

II

O das Quinas

Os Deuses vendem quando dão.
Compra-se a glória com desgraça.
Ai dos felizes, porque são
Só o que passa!

Baste a quem baste o que lhe basta
O bastante de lhe bastar!
A vida é breve, a alma é vasta:
Ter é tardar.

Foi com desgraça e com vileza
Que Deus ao Cristo definiu:
Assim o opôs à Natureza
E Filho o ungiu.

CANTO SEGUNDO
Os Castelos

I

Ulísses

O mito é o nada que é tudo.
O mesmo sol que abre os céus
É um mito brilhante e mudo
O corpo morto de Deus,
Vivo e desnudo.

Este, que aqui aportou,
Foi por não ser existindo.
Sem existir nos bastou.
Por não ter vindo foi vindo
E nos criou.

Assim a lenda se escorre
A entrar na realidade,
E a fecundá-la decorre.
Embaixo, a vida, metade
De nada, morre.

II

Viriato

Se a alma que sente e faz conhece
Só porque lembra o que esqueceu,
Vivemos, raça, porque houvesse
Memória em nós do instinto teu.

Nação por que reencarnaste,
Povo por que ressuscitou
Ou tu, ou o de que eras a haste
Assim se Portugal formou.

Teu ser é como aquela fria
Luz que precede a madrugada,
E é já o ir a haver o dia
Na antemanhã, confuso nada.

III

O Conde D. Henrique

Todo começo é involuntário.
Deus é o agente.
O herói a si assiste, vário
E inconsciente.

À espada em tuas mãos achada
Teu olhar desce.
«Que farei eu com esta espada?»
Ergueste-a, e fez-se.

IV

D. Tareja

As nações todas são mistérios.
Cada uma é todo o mundo a sós.
Ó mãe de reis e avó de impérios.
Vela por nós!

Teu seio augusto amamentou
com bruta e natural certeza
O que, imprevisto, Deus fadou.
Por ele reza!

Dê tua prece outro destino
A quem fadou o instinto teu!
O homem que foi o teu menino
Envelheceu.

Mas todo vivo é eterno infante
Onde estás e não há o dia.
No antigo seio, vigilante,
De novo o cria!

V

D. Afonso Henriques

Pai, foste cavaleiro.
Hoje a vigília é nossa.
Dá-nos o exemplo inteiro
E a tua inteira força!

Dá, contra a hora em que, errada,
Novos infiéis vençam,
A bênção como espada,
A espada como bênção!

VI

D. Dinis

Na noite escreve um seu Cantar de Amigo
O plantador de naus a haver,
E ouve um silêncio múrmuro consigo:
É o rumor dos pinhais que, como um trigo
De Império, ondulam sem se poder ver.

Arroio, esse cantar, jovem e puro,
Busca o oceano por achar;
E a fala dos pinhais, marulho obscuro,
É o som presente desse mar futuro,
É a voz da terra ansiando pelo mar.

VI (I)

D. João O Primeiro

O homem e a hora são um só
Quando Deus faz e a história é feita.
O mais é carne, cujo pó A terra espreita.

Mestre, sem o saber, do Templo
Que Portugal foi feito ser,
Que houveste a glória e deste o exemplo
De o defender.

Teu nome, eleito em sua fama,
É, na ara da nossa alma interna,
A que repele, eterna chama,
A sombra eterna.

VII (II)

D. Filipa De Lencastre

Que enigma havia em teu seio
Que só génios concebia?
Que arcanjo teus sonhos veio
Velar, maternos, um dia?

Volve a nós teu rosto sério,
Princesa do Santo Gral,
Humano ventre do Império,
Madrinha de Portugal!

CANTO TERCEIRO
As Quinas

I

Duarte Rei de Portugal

Meu dever fez-me, como Deus ao mundo.
A regra de ser Rei almou meu ser,
Em dia e letra escrupuloso e fundo.

Firme em minha tristeza, tal vivi.
Cumpri contra o Destino o meu dever.
Inutilmente? Não, porque o cumpri.

II

D. Fernando Infante de Portugal

Deu-me Deus o seu gládio, por que eu faça
A sua santa guerra.
Sagrou-me seu em honra e em desgraça,
Às horas em que um frio vento passa
Por sobre a fria terra.

Pôs-me as mãos sobre os ombros e doirou-me
A fronte com um olhar;
E essa febre de Além, que me consome,
E este querer grandeza são seu nome
dentro de mim a vibrar.

E eu vou, e a luz do gládio erguido dá
Em minha face clara.
Cheio de Deus, não temo o que virá,
pois, venha o que vier, nunca será
Maior do que a minha alma.

III

Pedro Regente de Portugal

Claro em pensar, e claro no sentir,
E claro no querer;
Indiferente ao que há em conseguir
Que seja só obter;
Dúplice dono, sem me dividir,
De dever e de ser -

Não me podia a Sorte dar guarida
Por não ser eu dos seus.
Assim vivi, assim morri, a vida,
Calmo sob mudos céus,
Fiel à palavra dada e à ideia tida.
Tudo o mais é com Deus!

IV

D. João Infante de Portugal

Não fui alguém. Minha alma estava estreita
Entre tão grandes almas minhas pares,
Inutilmente eleita,
Virgemente parada;

Porque é do português, pai de amplos mares,
Querer , poder só isto:
O inteiro mar, ou a orla vã desfeita
O todo, ou o seu nada.

V

D. Sebastião Rei de Portugal

Louco, sim, louco, porque quis grandeza
Qual a Sorte a não dá.
Não coube em mim minha certeza;
Por isso onde o areal está
Ficou meu ser que houve, não o que há.

Minha loucura, outros que me a tomem
Com o que nela ia.
Sem a loucura que é o homem
Mais que a besta sadia,
Cadáver adiado que procria?

CANTO QUARTO
A Coroa

Nuno Álvares Pereira

Que auréola te cerca?
É a espada que, volteando.
Faz que o ar alto perca
Seu azul negro e brando.

Mas que espada é que, erguida,
Faz esse halo no céu?
É Excalibur, a ungida,
Que o Rei Artur te deu.

Esperança consumada,
S. Portugal em ser,
Ergue a luz da tua espada
Para a estrada se ver!

CANTO QUINTO
O Timbre

A Cabeça do Grifo
O Infante D. Henrique

Em seu trono entre o brilho das esferas,
Com seu manto de noite e solidão,
Tem aos pés o mar novo e as mortas eras
O único imperador que tem, deveras,
O globo mundo em sua mão.

Uma Asa do Grifo
D. João o Segundo

Braços cruzados, fita além do mar.
Parece em promontório uma alta serra -
O limite da terra a dominar
O mar que possa haver além da terra.

Seu formidável vulto solitário
Enche de estar presente o mar e o céu,
E parece temer o mundo vário
Que ele abra os braços e lhe rasgue o véu.

A Outra Asa do Grifo
Afonso de Albuquerque

De pé, sobre os países conquistados
Desce os olhos cansados
De ver o mundo e a injustiça e a sorte.
Não pensa em vida ou morte,
Tão poderoso que não quer o quanto
Pode, que o querer tanto
Calcara mais do que o submisso mundo
Sob o seu passo fundo.
Três impérios do chão lhe a Sorte apanha.
Criou-os como quem desdenha.

SEGUNDA PARTE

Mar Português

POSSESSIO MARIS

I

O Infante

Deus quer, o homem sonha, a obra nasce.
Deus quis que a terra fosse toda uma,
Que o mar unisse, já não separasse.
Sagrou-te, e foste desvendando a espuma,

E a orla branca foi de ilha em continente,
Clareou, correndo, até ao fim do mundo,
E viu-se a terra inteira, de repente,
Surgir, redonda, do azul profundo.

Quem te sagrou criou-te português.
Do mar e nós em ti nos deu sinal.
Cumpriu-se o Mar, e o Império se desfez.
Senhor, falta cumprir-se Portugal!

II

Horizonte

O mar anterior a nós, teus medos
Tinham coral e praias e arvoredos.
Desvendadas a noite e a cerração,
As tormentas passadas e o mistério,
Abria em flor o Longe, e o Sul sidério
Esplendia sobre as naus da iniciação.

Linha severa da longínqua costa –
Quando a nau se aproxima ergue-se a encosta
Em árvores onde o Longe nada tinha;
Mais perto, abre-se a terra em sons e cores:
E, no desembarcar, há aves, flores,
Onde era só, de longe a abstrata linha.

O sonho é ver as formas invisíveis
Da distância imprecisa, e, com sensíveis
Movimentos da esperança e da vontade,
Buscar na linha fria do horizonte
A árvore, a praia, a flor, a ave, a fonte
Os beijos merecidos da Verdade.

III

Padrão

O esforço é grande e o homem é pequeno.
Eu, Diogo Cão, navegador, deixei
Este padrão ao pé do areal moreno
E para diante naveguei.

A alma é divina e a obra é imperfeita.
Este padrão sinala ao vento e aos céus
Que, da obra ousada, é minha a parte feita:
O por fazer é só com Deus.

E ao imenso e possível oceano
Ensinam estas Quinas, que aqui vês,
Que o mar com fim será grego ou romano:
O mar sem fim é português.

E a Cruz ao alto diz que o que me há na alma
E faz a febre em mim de navegar
Só encontrará de Deus na eterna calma
O porto sempre por achar.

IV

O Mostrengo

O mostrengo que está no fim do mar
Na noite de breu ergueu-se a voar;
À roda da nau voou três vezes,
Voou três vezes a chiar,
E disse, «Quem é que ousou entrar
Nas minhas cavernas que não desvendo,
Meus tetos negros do fim do mundo?»
E o homem do leme disse, tremendo,
«El-Rei D. João Segundo!»
«De quem são as velas onde me roço?
De quem as quilhas que vejo e ouço?»
Disse o mostrengo, e rodou três vezes,
Três vezes rodou imundo e grosso.
«Quem vem poder o que só eu posso,

Que moro onde nunca ninguém me visse
E escorro os medos do mar sem fundo?»
E o homem do leme tremeu, e disse,
«El-Rei D. João Segundo!»

Três vezes do leme as mãos ergueu,
Três vezes ao leme as reprendeu,
E disse no fim de tremer três vezes,
«Aqui ao leme sou mais do que eu:

Sou um Povo que quer o mar que é teu;
E mais que o mostrengo, que me a alma teme
E roda nas trevas do fim do mundo,
Manda a vontade, que me ata ao leme,
De El-Rei D. João Segundo!

V

Epitáfio de Bartolomeu Dias

Jaz aqui, na pequena praia extrema,
O Capitão do Fim. Dobrado o Assombro,
O mar é o mesmo: Já ninguém o tema!
Atlas, mostra alto o mundo no seu ombro.

VI

Os Colombos

Outros haverão de ter
O que houvermos de perder.
Outros poderão achar
O que, no nosso encontrar,
Foi achado, ou não achado,
Segundo o destino dado.

Mas o que a eles não toca
É a Magia que evoca
O Longe e faz dele história.
E por isso a sua glória
É justa auréola dada
Por uma luz emprestada.

VII

O Ocidente

Com duas mãos – o Acto e o Destino –
Desvendámos. No mesmo gesto, ao céu
Uma ergue o facho trémulo e divino
E a outra afasta o véu.

Fosse a hora que haver ou a que havia
A mão que ao Ocidente o véu rasgou,
Foi alma a Ciência e corpo a
Ousadia Da mão que desvendou.

Fosse Acaso, ou Vontade, ou Temporal
A mão que ergueu o facho que luziu,
Foi Deus a alma e o corpo Portugal
Da mão que o conduziu.

VIII

Fernão de Magalhães

No vale clareia uma fogueira.
Uma dança sacode a terra inteira.
E sombras disformes e descompostas
Em clarões negros do vale vão
Subitamente pelas encostas,
Indo perder-se na escuridão.

De quem é a dança que a noite aterra?
São os Titãs, os filhos da Terra,
Que dançam da morte do marinheiro
Que quis cingir o materno vulto –
Cingi-lo, dos homens, o primeiro -,
Na praia ao longe por fim sepulto.

Dançam, nem sabem que a alma ousada
Do morto ainda comanda a armada,
Pulso sem corpo ao leme a guiar
As naus no resto do fim do espaço:
Que até ausente soube cercar
A terra inteira com seu abraço.

Violou a Terra. Mas eles não
O sabem, e dançam na solidão;
E sombras disformes e descompostas,
Indo perder-se nos horizontes,
Galgam do vale pelas encostas
Dos mudos montes.

IX

Ascensão de Vasco da Gama

Os Deuses da tormenta e os gigantes da terra
Suspendem de repente o ódio da sua guerra
E pasmam. Pelo vale onde se ascende aos céus
Surge um silêncio, e vai, da névoa ondeando os véus,
Primeiro um movimento e depois um assombro.
Ladeiam-no, ao durar, os medos, ombro a ombro,
E ao longe o rastro ruge em nuvens e clarões.

Em baixo, onde a terra é, o pastor gela, e a flauta
Cai-lhe, e em êxtase vê, à luz de mil trovões,
O céu abrir o abismo à alma do Argonauta.

X

Mar Português

Ó mar salgado, quanto do teu sal
São lágrimas de Portugal!
Por te cruzarmos, quantas mães choraram,
Quantos filhos em vão rezaram!
Quantas noivas ficaram por casar
Para que fosses nosso, ó mar!

Valeu a pena? Tudo vale a pena
Se a alma não é pequena.
Quem quer passar além do Bojador
Tem que passar além da dor.
Deus ao mar o perigo e o abismo deu,
Mas nele é que espelhou o céu.

XI

A Última Nau

Levando a bordo El-Rei D. Sebastião,
E erguendo, como um nome, alto o pendão
Do Império,
Foi-se a última nau, ao sol aziago Erma, e entre choros
de ânsia e de presságio Mistério.

Não voltou mais. A que ilha indescoberta
Aportou? Voltará da sorte incerta
Que teve?
Deus guarda o corpo e a forma do futuro,
Mas Sua luz projeta-o, sonho escuro
E breve.

Ah, quanto mais ao povo a alma falta,
Mais a minha alma atlântica se exalta
E entorna,
E em mim, num mar que não tem tempo ou espaço,
Vejo entre a cerração teu vulto baço
Que torna.

Não sei a hora, mas sei que há a hora,
Demore-a Deus, chame-lhe a alma embora Mistério.
Surges ao sol em mim, e a névoa finda:
A mesma, e trazes o pendão ainda Do Império.

XII

Prece

Senhor, a noite veio e a alma é vil.
Tanta foi a tormenta e a vontade!
Restam-nos hoje, no silêncio hostil,
O mar universal e a saudade.

Mas a chama, que a vida em nós criou,
Se ainda há vida ainda não é finda.
O frio morto em cinzas a ocultou:
A mão do vento pode erguê--la ainda.

Dá o sopro, a aragem - ou desgraça ou ânsia-
Com que a chama do esforço se remoça,
E outra vez conquistaremos a Distância –
Do mar ou outra, mas que seja nossa!

TERCEIRA PARTE

O Encoberto

PAX IN EXCELSIS

I
Os Símbolos

I

D. Sebastião

Esperai! Caí no areal e na hora adversa
Que Deus concede aos seus
Para o intervalo em que esteja a alma imersa
Em sonhos que são Deus.

Que importa o areal e a morte e a desventura
Se com Deus me guardei?
É O que eu me sonhei que eterno dura,
É Esse que regressarei.

II

O Quinto Império

Triste de quem vive em casa,
Contente com o seu lar,
Sem que um sonho, no erguer de asa,
Faça até mais rubra a brasa
Da lareira a abandonar!

Triste de quem é feliz!
Vive porque a vida dura.
Nada na alma lhe diz
Mais que a lição da raiz –
Ter por vida a sepultura.

Eras sobre eras se somem
No tempo que em eras vem.

Ser descontente é ser homem,
Que as forças cegas se dormem
Pela visão que a alma tem!

E assim, passados os quatro
Tempos do ser que sonhou,
A terra será teatro
Do dia claro, que no atro
Da erma noite começou.

Grécia, Roma, Cristandade,
Europa - os quatros se vão
Para onde vai toda idade.
Quem vai viver a verdade
Que morreu D. Sebastião?

III

O Desejado

Onde quer que, entre sombras e dizeres,
Jazas, remoto, sente-se sonhado,
E ergue-te do fundo de não-seres
Para teu novo fado!

Vem, Galaaz com pátria, erguer de novo,
Mas já no auge da suprema prova,
A alma penitente do teu povo
À Eucaristia Nova.

Mestre da Paz, ergue teu gládio ungido,
Excalibur do Fim, em jeito tal
Que sua Luz ao mundo dividido
Revele o Santo Gral!

IV

As Ilhas Afortunadas

Que voz vem no som das ondas
Que não é a voz do mar?
E a voz de alguém que nos fala,
Mas que, se escutarmos, cala,
Por ter havido escutar.

E só se, meio dormindo,
Sem saber de ouvir ouvimos
Que ela nos diz a esperança
A que, como uma criança
Dormente, a dormir sorrimos.

São ilhas afortunadas
São terras sem ter lugar,
Onde o Rei mora esperando.
Mas, se vamos despertando
Cala a voz, e há só o mar.

V

O Encoberto

Que símbolo fecundo
Vem na aurora ansiosa?
Na Cruz Morta do Mundo
A Vida, que é a Rosa.

Que símbolo divino
Traz o dia já visto?
Na Cruz, que é o Destino,
A Rosa que é o Cristo.

Que símbolo final
Mostra o sol já desperto?
Na Cruz morta e fatal
A Rosa do Encoberto.

II
Os Avisos

I

O Bandarra

Sonhava, anónimo e disperso,
O Império por Deus mesmo visto,
Confuso como o Universo
E plebeu como Jesus Cristo.

Não foi nem santo nem herói,
Mas Deus sagrou com Seu sinal
Este, cujo coração foi
Não português, mas Portugal.

II

António Vieira

O céu estrela o azul e tem grandeza.
Este, que teve a fama e à glória tem,
Imperador da língua portuguesa,
Foi-nos um céu também.

No imenso espaço seu de meditar,
Constelado de forma e de visão,
Surge, prenúncio claro do luar,
El-Rei D. Sebastião.

Mas não, não é luar: é luz do etéreo.
É um dia; e, no céu amplo de desejo,
A madrugada irreal do Quinto Império
Doira as margens do Tejo.

III

Escrevo meu livro à beira-mágoa

Escrevo meu livro à beira-mágoa.
Meu coração não tem que ter.
Tenho meus olhos quentes de água.
Só tu, Senhor, me dás viver.

Só te sentir e te pensar
Meus dias vácuos enche e doura.
Mas quando quererás voltar?
Quando é o Rei? Quando é a Hora?

Quando virás a ser o Cristo
De a quem morreu o falso Deus,
E a despertas do mal que existo
A Nova Terra e os Novos Céus?

Quando virás, ó Encoberto,
Sonho das eras português,
Tornar-me mais que o sopro incerto
De um grande anseio que Deus fez?

Ah, quando quererás voltando,
Fazer minha esperança amor?
Da névoa e da saudade quando?
Quando, meu Sonho e meu Senhor?

III
Os Tempos

I

Noite

A nau de um deles tinha-se perdido
No mar indefinido.
O segundo pediu licença ao Rei
De, na fé e na lei
Da descoberta, ir em procura
Do irmão no mar sem fim e a névoa escura.

Tempo foi. Nem primeiro nem segundo
Volveu do fim profundo
Do mar ignoto à pátria por quem dera

O enigma que fizera.
Então o terceiro a El-Rei rogou
Licença de os buscar, e El-Rei negou.

Como a um cativo, o ouvem a passar
Os servos do solar.
E, quando o veem, veem a figura
Da febre e da amargura,
Com fixos olhos rasos de ânsia
Fitando a proibida azul distância.

Senhor, os dois irmãos do nosso Nome-
O Poder e o Renome- A
mbos se foram pelo mar da idade
À tua eternidade;
E com eles de nós se foi
O que faz a alma poder ser de herói.

Queremos ir buscá-los, desta vil
Nossa prisão servil:
É a busca de quem somos, na distância
De nós; e, em febre de ânsia,
A Deus as mãos alçamos.
Mas Deus não dá licença que partamos.

II

Tormenta

Que jaz no abismo sob o mar que se ergue?
Nós, Portugal, o poder ser.
Que inquietação do fundo nos soergue?
O desejar poder querer.

Isto, e o mistério de que a noite é o fausto.
Mas súbito, onde o vento ruge,
O relâmpago, farol de Deus, um hausto
Brilha e o mar escuro estruge.

III

Calma

Que costa é que as ondas contam
E se não pode encontrar
Por mais naus que haja no mar?
O que é que as ondas encontram
E nunca se vê surgindo?
Este som de o mar praiar
Onde é que está existindo?

Ilha próxima e remota,
Que nos ouvidos persiste,
Para a vista não existe.
Que nau, que armada, que frota
Pode encontrar o caminho
À praia onde o mar insiste,
Se à vista o mar é sozinho?

Haverá rasgões no espaço
Que deem para outro lado,
E que, um deles encontrado,
Aqui, onde há só sargaço,
Surja uma ilha velada,
O país afortunado
Que guarda o Rei desterrado
Em sua vida encantada?

IV

Antemanhã

O mostrengo que está no fim do mar
Veio das trevas a procurar
A madrugada do novo dia,
Do novo dia sem acabar;
E disse, Quem é que dorme a lembrar
Que desvendou o Segundo Mundo
Nem o Terceiro quer desvendar?»

E o som na treva de ele rodar
Faz mau o sono, triste o sonhar,
Rodou e foi-se o mostrengo servo
Que seu senhor veio aqui buscar.
Que veio aqui seu senhor chamar-
Chamar Aquele que está dormindo
E foi outrora Senhor do Mar.

V

Nevoeiro

Nem rei nem lei, nem paz nem guerra,
Define com perfil e ser
Este fulgor baço da terra
Que é Portugal a entristecer-
Brilho sem luz e sem arder,
Como o que o fogo-fátuo encerra.

Ninguém sabe que coisa quer.
Ninguém conhece que alma tem,
Nem o que é mal nem o que é bem.
(Que ânsia distante perto chora?)
Tudo é incerto e derradeiro.
Tudo é disperso, nada é inteiro.
Ó Portugal, hoje és nevoeiro...
É a hora!

BIOGRAFIA

"Se depois de eu morrer, quiserem escrever
a minha biografia,
Não há nada mais simples
Tem só duas datas – a da minha nascença
e a da minha morte.
Entre uma e outra todos os dias são meus."

Fernando Antônio Nogueira Pessoa nasceu em Lisboa no dia 13 de junho de 1888. Seus pais eram Joaquim de Seabra Pessoa e Maria Madalena Pinheiro Nogueira. O nome foi escolhido em homenagem a Santo Antônio. A família se diz parente de Fernando de Bulhões, nome de batismo de Santo Antônio, tradicionalmente festejado em Lisboa no dia 13 de junho, dia em que Fernando Pessoa nasceu.

Fernando perdeu o pai aos cinco anos, sua mãe se casou com um diplomata. A família morou alguns anos em Durban, na África do Sul. Foi lá que iniciou os estudos: garoto prodígio cursou o equivalente a cinco anos escolares em apenas três, com a vantagem de adquirir o domínio do inglês.

Fernando Pessoa começou a escrever poemas ainda criança. Seu primeiro texto data de 1895, quando tinha sete anos. Com apenas 15 anos, começa a cursar Letras na Universidade do Cabo, mas abandona após um ano. Nessa época já cria alguns heterônimos.

Depois de fracassar como empreendedor, ao tentar tocar uma tipografia, em 1906, dali a dois anos inicia a atividade de "correspondente de línguas estrangeiras", em inglês e francês em escritórios de importações e exportações, profissão que, junto com a de tradutor, desempenhará até o fim da vida. Entre outras, obras, traduziu *O Corvo*, de Edgar Allan Poe.

Heterônimos

Uma característica única de Fernando Pessoa são seus heterônimos. São personagem, criados por ele, que escreve a sua própria obra. Tem nome, biografia distinta e estilo próprio.

Em carta que enviou em 1935 ao crítico Casais Monteiro, em 1935, Fernando Pessoa descreveu detalhadamente seus heterônimos:

Alberto Caeiro nasceu em 1889 e morreu em 1915; nasceu em Lisboa, mas viveu quase toda a sua vida no campo. Não teve profissão nem educação quase alguma.[...]Caeiro era de estatura média, e, embora realmente frágil (morreu tuberculoso), não parecia tão frágil como era. [...]Cara rapada – o Caeiro louro sem cor, olhos azuis; [...]Caeiro, como disse, não teve mais educação que quase nenhuma – só instrução primária; morreram-lhe cedo o pai e a mãe, e deixou-se ficar em casa, vivendo de uns pequenos rendimentos. Vivia com uma tia velha, tia-avó.[...]Como escrevo em nome desses três?... Caeiro, por pura e inesperada inspiração, sem saber ou sequer calcular o que iria escrever [...]Caeiro escrevia mal o português [...]

Ricardo Reis nasceu em 1887 (não me lembro do dia e mês, mas tenho-os algures) no Porto, é médico e está presentemente no Brasil. [...]Ricardo Reis é um pouco, mas muito pouco, mais baixo, mais forte, mas seco. (Do que Caeiro, que era de estatura média) [...] Cara rapada - [...] Reis de um vago moreno mate; [...] Ricardo Reis, educado num colégio de jesuítas, é, como disse, médico; vive no Brasil desde 1919, pois se expatriou espontaneamente por ser monárquico. É um latinista por educação alheia, e um semi-helenista por educação própria.[...]Como escrevo em nome desses três? [...] Ricardo Reis, depois de uma deliberação abstrata, que subitamente se caracteriza numa ode. [...]Reis escreve melhor do que eu, mas com um purismo que considero exagerado. [...]

Álvaro de Campos (o mais histericamente histérico de mim) [...]Álvaro de Campos nasceu em Tavira, no dia 15 de outubro de 1890 (à 1,30 da tarde, diz-me o Ferreira Gomes; e é verdade, pois, feito o horóscopo para essa hora, está certo). Este, como sabe, é engenheiro naval (por Glasgow), mas agora está aqui em Lisboa em inactividade.[...]Álvaro de Campos é alto (1,75 m de altura, mais 2 cm do que eu), magro e um pouco tendente a curvar-se. Cara rapada todos – [...] Campos entre branco e moreno, tipo vagamente de judeu português, cabelo, porém, liso e normalmente apartado ao lado, monóculo.[...]Álvaro de Campos teve uma educação vulgar de liceu; depois foi mandado para a Escócia estudar engenharia, primeiro mecânica e depois naval. Numas férias fez a viagem ao Oriente de onde resultou o *Opiário*. Ensinou-lhe latim um tio beirão que era padre. Como escrevo em nome desses três?[...] Campos, quando sinto um súbito impulso para escrever e não sei o quê.[...] Caeiro escrevia mal o português, Campos razoavelmente mas com lapsos como *dizer eu próprio* em vez de *eumesmo* etc. [...] O difícil para mim é escrever a prosa de Reis – ainda inédita – ou de Campos. A simulação é mais fácil, até porque é mais espontânea, em verso.

Há ainda um quarto heterónimo:Bernardo Soares, autor do-Livro do Desassossego, importante obra literária do século XX. Bernardo é considerado um semi-heterónimo por ter muitas semelhanças com Fernando Pessoa e não possuir uma personalidade muito característica, ao contrário dos três primeiros

Orpheu

Em 1915, o poeta participou na revista literária Orpheu, que lançou o movimento modernista em Portugal, causando algum escândalo e muita controvérsia. No segundo número da Orpheu, Pessoa assume a direção da revista, juntamente com Mário de Sá-Carneiro.

Em outubro de 1924, juntamente com o artista plástico Ruy Vaz, Fernando Pessoa lançou a revista Athena, onde publicou textos de Ricardo Reis, Álvaro de Campos e Alberto Caeiro, bem como do ortônimo Fernando Pessoa.

Fernando Pessoa foi internado no dia 29 de novembro de 1935, no Hospital de São Luís dos Franceses, em Lisboa, com diagnóstico de "cólica hepática" causada por cálculo biliar associado a cirrose hepática. No dia anterior, tinha escrito a sua última frase, em inglês: "I know not what tomorrow will bring" ("Não sei o que o amanhã trará").

CRONOLOGIA

1888 - Fernando Antônio Nogueira Pessoa nasce, a 13 de junho. É batizado em julho.

1893 - Em janeiro, nasce seu irmão Jorge. A 24 de julho, o pai morre, de tuberculose.

1894 - O irmão de Fernando, Jorge, morre em janeiro. Pessoa cria o seu primeiro heterônimo. O futuro padrasto, João Miguel Rosa, é nomeado cônsul interino em Durban, na África do Sul.

1895 - Em julho, Fernando escreve o seu primeiro poema e João Miguel Rosa parte para Durban. Em dezembro, João Miguel Rosa casa-se com a mãe de Fernando, por procuração.

1896 - Em 7 de janeiro, é concedido o passaporte à mãe, e a família parte para Durban. A 27 de novembro, nasce Henriqueta Madalena, irmã do poeta.

1897 - Fernando faz o curso primário e a primeira comunhão em West Street.

1898 - Nasce, a 22 de outubro, sua segunda irmã, Madalena Henriqueta.

1899 - Ingressa na Durban High School em abril. Cria o pseudónimo Alexander Search.

1900 - Em janeiro, nasce o terceiro irmão, Luís Miguel. Em junho, Pessoa passa para a Form III e é premiado em francês.

1901 - Em junho, passa no exame da Cape School High Examination. Madalena Henriqueta falece e Fernando começa a escrever as primeiras poesias em inglês. Em agosto, parte com a família para uma visita a Portugal.

1902 - Em janeiro, nasce, em Lisboa, seu irmão João Maria. Fernando vai à ilha Terceira em maio. Em junho, a família retorna a Durban. Em setembro, Fernando volta sozinho para Durban.

1903 - Submete-se ao exame de admissão à Universidade do Cabo, tirando a melhor nota no ensaio em inglês e ganha assim o Prêmio Rainha Vitória.

1904 - Em agosto, nasce sua irmã Maria Clara e em dezembro termina os estudos na África do Sul.

1905 - Parte definitivamente para Lisboa, onde passa a viver com a avó Dionísia. Continua a escrever poemas em inglês.

1906 - Matricula-se, em outubro, no Curso Superior de Letras. A mãe e o padrasto retornam a Lisboa e Pessoa volta a morar com eles. Falece, em Lisboa, a sua irmã Maria Clara.

1907 - A família retorna a Durban. Pessoa passa a morar com a avó. Desiste do Curso Superior de Letras. Em agosto, a avó morre. Pessoa estabelece uma tipografia.

1908 - Começa a trabalhar como correspondente estrangeiro em escritórios comerciais.

1910 - Escreve poesia e prosa em português, inglês e francês.

1912 - Publica na revista Águia o seu primeiro artigo de crítica literária. Idealiza Ricardo Reis.

1913 - Intensa produção literária. Escreve O Marinheiro.

1914 - Cria os heterônimos Álvaro de Campos, Ricardo Reis e Alberto Caeiro. Escreve os poemas de O Guardador de Rebanhos e também o Livro do Desassossego.

1915 - Sai em março o primeiro número de Orpheu. Pessoa "mata" Alberto Caeiro.

1916 - O seu amigo Mário de Sá-Carneiro suicida-se.

1918 - Publica poemas em inglês, resenhados com destaque no Times.

1920 - Conhece Ofélia Queiroz. Sua mãe e seus irmãos voltam para Portugal. Em outubro, atravessa uma grande depressão, que o leva a pensar em internar-se numa casa de saúde. Rompe com Ofélia.

1921 - Funda a editora Olisipo, onde publica poemas em inglês.

1924 - Aparece a revista Atena, dirigida por Fernando Pessoa e Ruy Vaz.

1925 - A 17 de março, morre, em Lisboa, a mãe do poeta.

1926 - Dirige com seu cunhado a Revista de Comércio e Contabilidade. Requer patente de uma invenção sua.

192 - Passa a colaborar com a revista Presença.

1929 - Volta a relacionar-se com Ofélia.

1931 - Rompe novamente com Ofélia.

193 - Publica Mensagem.

1935 - Em 29 de novembro, é internado com o diagnóstico de cólica hepática. Morre no dia 30 do mesmo mês.

On line
EDITORA

IBC – INSTITUTO BRASILEIRO DE CULTURA LTDA
CNPJ 04.207.648/0001-94
Avenida Juruá, 762 – Alphaville Industrial
CEP. 06455-907 – Barueri/SP
www.revistaonline.com.br

Presidente: Paulo Roberto Houch
MTB 0083982/SP

Editora: Priscilla Sipans
(redacao@editoraonline.com.br)
Coordenador de Arte: Rubens Martim
Colaboraram nesta edição: Premier Empreendimentos
Suely Souza Nascimento (adaptação)
Impresso por: Cunha Facchini
Vendas: Tel.: (11) 3393-7723 (vendas@editoraonline.com.br)